AF311611

1 decembre 1911   PN

VENTE

après décès

HOTEL DROUOT - Salle N° 11

le Vendredi 1er Décembre 1911

A 2 HEURES

TABLEAUX MODERNES

Aquarelles & Pastels

Me F. LAIR DUBREUIL

Commissaire-Priseur

MM. J. CHAINE & SIMONSON

Experts

PARIS 1911

CATALOGUE

DES

Tableaux Modernes

PAR

CHARPIN. - CHATEIGNON. - CHRÉTIEN. - COROT. C. - DEFAUX. - DELPY. H. C.

DIAZ. N. - DUVIEUX. - GUILLEMIN. - HENNER. - JACQUE. CH.

JAPY. - LAZERGES. H. - LEBOURG. - LEPINE. S. - LÉVY. HENRI. - PETIT. E.

ROSA-BONHEUR. - STEVENS. A. - TROUILLEBERT. - ZIEM.

AQUARELLES & PASTELS

PAR

CARRIER-BELLEUSE. P. - FILOSA. - JACQUET. G., ETC.

dont la vente par suite du décès de Mᵗ F. P.

aura lieu à Paris

HOTEL DROUOT - Salle N° 11

le Vendredi 1ᵉʳ Décembre 1911

A 2 HEURES

<table>
<tr><td>Mᵉ F. Lair Dubreuil</td><td>MM. J. Chaine & Simonson</td></tr>
<tr><td>COMMISSAIRE-PRISEUR</td><td>EXPERTS</td></tr>
<tr><td>6, Rue Favart, 6</td><td>19, Rue Caumartin, 19</td></tr>
</table>

CHEZ LESQUELS ON DÉLIVRE LE CATALOGUE

EXPOSITION PUBLIQUE - Salle N° 11

le Jeudi 30 Novembre de 1 h. 1 2 à 6 h.

CONDITIONS DE LA VENTE

Elle sera faite au comptant.

Les acquéreurs paieront *dix pour cent* en sus des prix d'adjudication.

L'Exposition permettant au public de se rendre compte de l'état et de la nature des objets, aucune réclamation ne sera admise une fois l'adjudication prononcée.

Imprimerie Henri SCHILLER, 3, Place de la République

TABLEAUX MODERNES

DÉSIGNATION

A. LONZA

1. — *La déclaration.*

SIGNÉ A GAUCHE.

Toile Haut. 0m85 ; Larg. 0m58.

BOICHARD, L.-G.

2. — *Tête de femme.*

SIGNÉ A DROITE.

Bois Haut. 0m32 ; Larg. 0m23.

BRISSET

3. — *Le déjeuner sur la terrasse.*

SIGNÉ A GAUCHE.

Daté 1875.

Toile Haut. 0m55 ; Larg. 0m46.

BRUNEL-NEUVILLE

4. — *Jeunes Chats*.

SIGNÉ A DROITE.

Toile Haut. 0^m38; Larg. 0^m46.

5. — *Les Chats*.

SIGNÉ A DROITE.

Toile Haut. 0^m38: Larg. 0^m46.

CALAME, Arthur

6. — *La Lagune à Venise*.

SIGNÉ A DROITE.

Toile Haut. 0^m34: Larg. 0^m48.

CASANOVA

7. — *La Conférencière*.

SIGNÉ A GAUCHE.

Toile Haut. 0^m56: Larg. 0^m82.

CAUCHOIS, H.

8. — *Nature morte.*

SIGNÉ A DROITE.

Toile Haut. 0m82 : Larg. 0m66.

9. — *Nature morte.*

SIGNÉ A DROITE.

Toile Haut. 0m68 : Larg. 0m48.

CHARPIN

10. — *Bergère et ses moutons.*

SIGNÉ A DROITE.

Bois Haut. 0m21 : Larg. 0m27.

11. — *Moutons dans la plaine.*

SIGNÉ A GAUCHE.

Bois Haut. 0m27 : Larg. 0m35.

12. — *Berger et ses moutons.*

SIGNÉ A DROITE.

Toile Haut. 0m38 : Larg. 0m46.

CHATEIGNON

13. — *Retour à la ferme.*

SIGNÉ A GAUCHE.

Toile Haut. 0ᵐ46: Larg. 0ᵐ62.

14. — *La moisson sur les plateaux ; Aveyron.*

SIGNÉ A DROITE.

Toile Haut. 0ᵐ50: Larg. 0ᵐ61.

15. — *Galants propos.*

SIGNÉ A DROITE.

Toile Haut. 0ᵐ61 : Larg. 0ᵐ50.

16. — *Les foins.*

SIGNÉ A DROITE.

Toile Haut. 0ᵐ46: Larg. 0ᵐ61

17. — *Le repos des Moissonneuses.*

SIGNÉ A DROITE.

Toile Haut. 0ᵐ46: Larg. 0ᵐ61.

CHRÉTIEN

18. — *Les figues.*

SIGNÉ A DROITE.

Toile Haut. 0^m38; Larg. 0^m47.

COROT, C.

19. — *Chemin sous bois.*

SIGNÉ A GAUCHE.

Toile Haut. 0^m32; Larg. 0^m23.

DAVID

20. — *Femme au puits.*

SIGNÉ A DROITE.

Bois Haut. 0^m35; Larg. 0^m27.

DEFAUX

21. — *Intérieur de bergerie.*

SIGNÉ A GAUCHE.

Bois Haut. 0^m35; Haut. 0^m27.

DELPY, H.-C.

22. — *Paysanne au repos.*

SIGNÉ A GAUCHE.

Bois Haut. 0m31 1/2 : Larg. 0m41.

DIAZ, N.

23. — *Sous bois ; esquisse.*

à droite le cachet de la vente faite après le décès de l'artiste.

Toile Haut. 0m35 : Larg. 0m46.

DIOSCORO

24. — *Le désespoir des Nymphes.*

SIGNÉ A DROITE.

Bois Haut. 0m29 1/2 : Larg. 0m51.

DUVIEUX

25. — *Gros temps en vue de Constantinople.*

SIGNÉ A GAUCHE.

Toile Haut. 0m41 ; Larg. 0m65.

DUVIEUX

26. — *La place St-Marc ; Venise.*

SIGNÉ A GAUCHE.

Toile Haut. 0ᵐ41 ; Larg. 0ᵐ65.

FORTIN

27. — *Nature morte.*

SIGNÉ A DROITE.

Toile Haut. 0ᵐ46 ; Larg. 0ᵐ72.

GALLARD-LÉPINAY

28. — *Venise.*

SIGNÉ A DROITE.

Toile Haut. 0ᵐ46 ; Larg. 0ᵐ55.

GUILLEMIN

29. — *Les soins à la poupée.*

SIGNÉ A GAUCHE.

Daté 1841

Toile Haut. 0ᵐ33 ; Larg. 0ᵐ41.

HENNER, J.-J.

30. — *Femme au corsage bleu.*

SIGNÉ EN HAUT A GAUCHE.

Carton Haut. 0^m27 ; Larg. 0^m22.

HOLBAERTS, Jan

31. — *Nature morte.*

SIGNÉ A DROITE.

Toile Haut. 0^m38 ; Larg. 0^m48.

HUE, Charles

32. — *La lutte pour la lettre.*

SIGNÉ A GAUCHE.

Toile Haut. 0^m92 ; Larg. 0^m73.

JACQUE, Ch.

33. — *Moutons à l'abreuvoir ; effet de lune.*

SIGNÉ A DROITE.

Toile Haut. 0^m74 ; Larg. 1^m01.

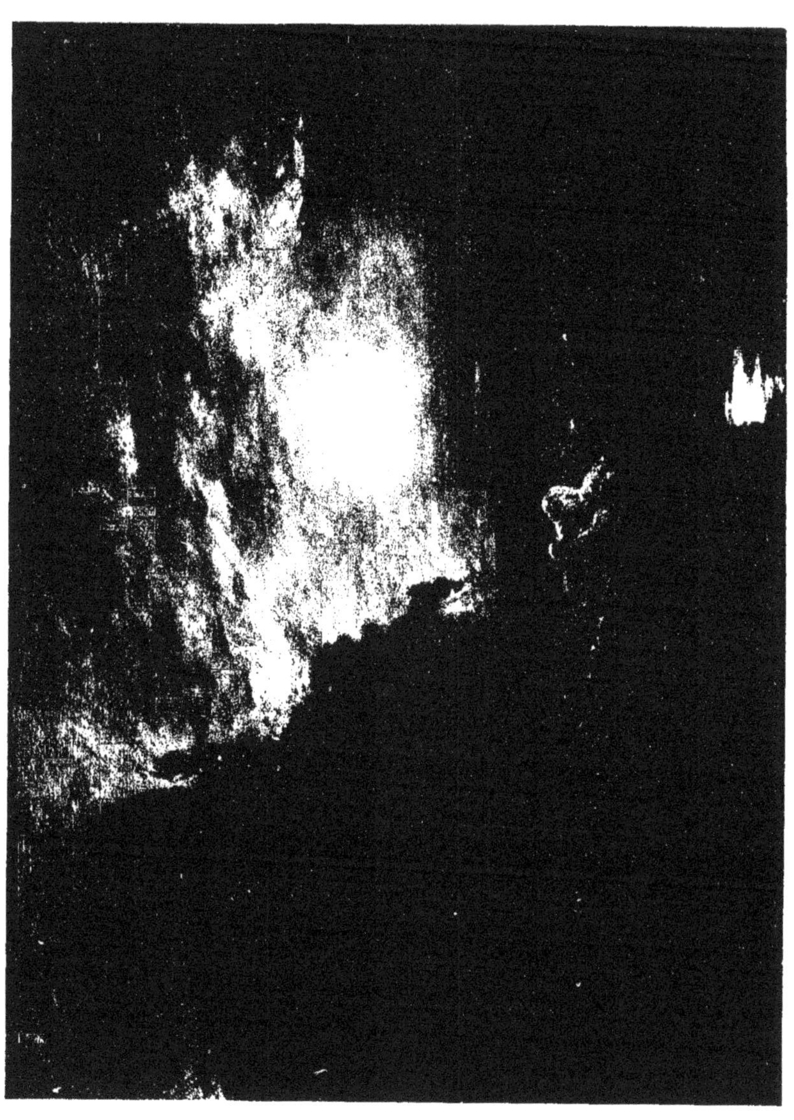

No 33

JACQUE, Ch.

34.　　*Intérieur d'écurie ; esquisse.*

SIGNÉ A GAUCHE.

Toile Haut. 0m25 ; Larg. 0m33.

JAPY, Louis

35.　— *Le Berger et ses moutons.*

SIGNÉ A DROITE.

Toile Haut. 0m69 ; Larg. 0m85.

KUWASSEG

36.　— *L'entrée du port.*

SIGNÉ A DROITE.

Bois Haut. 0m22 ; Larg. 0m41.

37.　— *Barque échouée.*

SIGNÉ A DROITE.

Bois Haut. 0m18 ; Larg. 0m36.

KUWASSEG

38. — *La rentrée des pêcheurs.*

SIGNÉ A DROITE.

Bois Haut. 0^m18; Larg. 0^m36.

39. — *Barque de pêche à marée basse.*

SIGNÉ A DROITE.

Bois Haut. 0^m18; Larg. 0^m36

LAUR

40. — *Famille de Chats.*

SIGNÉ A GAUCHE.

Toile Haut. 0^m50; Larg. 0^m73.

LAZERGES, H.

41. — *La Résurrection.*

SIGNÉ A GAUCHE.

Toile Haut. 0^m48; Larg. 0^m35.

LEBOURG, A.

42. — *Les bords d'un ruisseau en Automne.*

SIGNÉ A GAUCHE.

Toile Haut. 0m61; Larg. 0m90.

LEBOURG, A.

43. — *Les quais à Paris.*

SIGNÉ A DROITE.

Toile Haut. 0m40; Larg. 0m73.

LEMAITRE, N.

44. — *Promenade en barque.*

SIGNÉ A GAUCHE.

Daté 1878.

Toile Haut. 0m46; Larg. 0m38.

LÉPINE, S.

45. — *Chemin creux.*

SIGNÉ A DROITE.

Bois Haut. 0m24; Larg. 0m33.

LÉPINE, S.

46. — *Navires au port.*

SIGNÉ A DROITE : daté 1858.

Toile Haut. 0m36 ; Larg. 0m55.

LÉVY, HENRY

47. — *L'Excommunié.*

SIGNÉ A GAUCHE.

Daté 1870.

Toile Haut. 1m30 ; Larg. 0m89.

LOITRY

48. — *Marins regagnant leur bord.*

SIGNÉ A GAUCHE.

Toile Haut. 0m92 ; Larg. 0m65.

MOLS, ROBERT

49. — *Marine.*

SIGNÉ A GAUCHE.

Bois Haut 0m43 ; Larg. 0m35.

PEETERS, Anna

50. — *Les roses.*

SIGNÉ A DROITE.

Toile Haut. 0ᵐ54 ; Larg. 0ᵐ40.

PERBOYRE

51. — *La Campagne de Belgique.*

SIGNÉ A GAUCHE.

Toile Haut. 0ᵐ33 ; Larg. 0ᵐ46.

PETIT, Eugène

52. — *Bouquet de fleurs dans un vase.*

SIGNÉ A DROITE.

Daté 70.

Toile Haut. 0ᵐ65 ; Larg. 0ᵐ81.

PINCHART

53. — *Femme à bicyclette.*

SIGNÉ A GAUCHE.

Toile Haut. 1ᵐ ; Larg. 0ᵐ40.

ROSA-BONHEUR

54. — *Tigre marchant.*

Cachet de la vente.

Toile Haut. 0^m30; Larg. 0^m39.

RICHTER, Edouard

55. *Les Sultanes au harem.*

SIGNÉ A GAUCHE.

Toile Haut. 0^m81; Larg. 1^m22.

ROFFIAEN, F.

56. — *La vallée du Rhin à Ragatz.*

SIGNÉ A DROITE.

Daté 1888.

Toile Haut. 0^m48; Larg. 0^m82.

RYSAC Von

57. — *Paysage; soleil couchant.*

SIGNÉ A DROITE.

Daté 1837.

Toile Haut. 0^m49; Larg. 0^m74.

SCHWENINGER

58. — *Scène d'intérieur au XVIe siècle.*

SIGNÉ A GAUCHE.

Bois Haut. 0m27 : Larg. 0m21.

SERRES, Antony

59. — *L'Abandonnée.*

SIGNÉ A DROITE.

Bois Haut. 0m33 : Larg. 0m24.

STEFANO, Novo

60. — *La marchande de fruits à Venise.*

SIGNÉ A GAUCHE.

Toile Haut. 0m80 : Larg. 0m60.

61. — *Marché aux fruits à Venise.*

SIGNÉ A DROITE.

Toile Haut. 0m50 : Larg. 0m75.

STEVENS, A.

62. — *Marine.*

SIGNÉ A GAUCHE.

Toile Haut. 0m75 : Larg. 0m48.

STEVENS, A.

63. — *Marine ; soleil couchant.*

SIGNÉ A DROITE.

Toile Haut. 0m73 : Larg. 0m60.

TROUILLEBERT

64. — *Les bords du lac.*

SIGNÉ A GAUCHE.

Toile Haut. 0m55 : Larg. 0m85.

VETELET, F.

65. — *Pivoines.*

SIGNÉ A DROITE.

Vue Haut. 0m43 : Larg. 0m37.

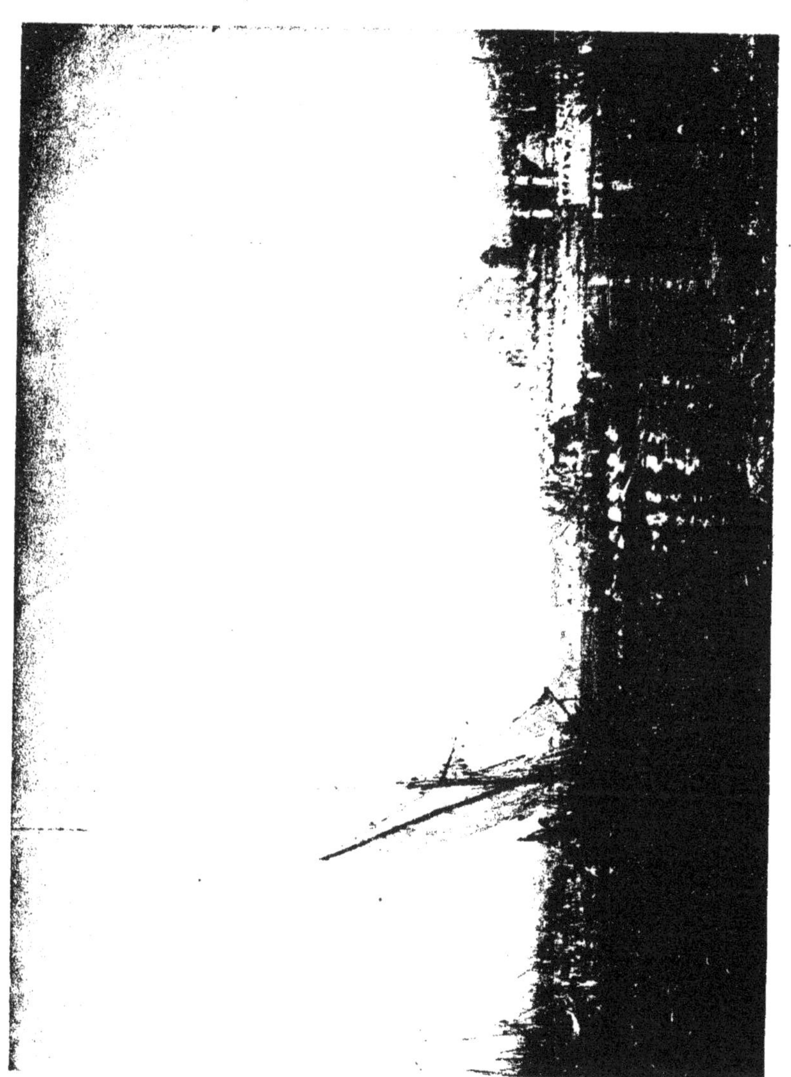

No 69

VIGNON, V.

66. — *Chemin dans la neige.*

SIGNÉ A GAUCHE.

Toile Haut. 0m33; Larg. 0m41.

WOUTERMAERTENS

67. — *La sortie des moutons.*

SIGNÉ A GAUCHE.

Bois Haut. 0m56; Larg. 0m45.

YVON, A.

68. — *L'Etat-Major et les attachés militaires.*

SIGNÉ A GAUCHE.

Bois Haut. 0m27; Larg. 0m35.

ZIEM

69. — *Constantinople.*

SIGNÉ A GAUCHE.

Toile Haut. 0m75; Larg. 1m01.

ZIEM

70. — *Le départ de la flotte vénitienne.*

SIGNÉ A DROITE.

Bois Haut. 0m64 : Larg. 0m92.

ZIEM

71. — *Le palais Ducal à Venise.*

SIGNÉ A GAUCHE.

Toile Haut. 0m54 : Larg 0m85.

ZIEM

72. — *Effet de lune à Venise.*

SIGNÉ A DROITE.

Bois Haut. 0m39 : Larg. 0m60.

ZIEM

73. — *Retour du marché à Venise.*

SIGNÉ A DROITE.

Bois Haut. 0m42 : Larg. 0m64.

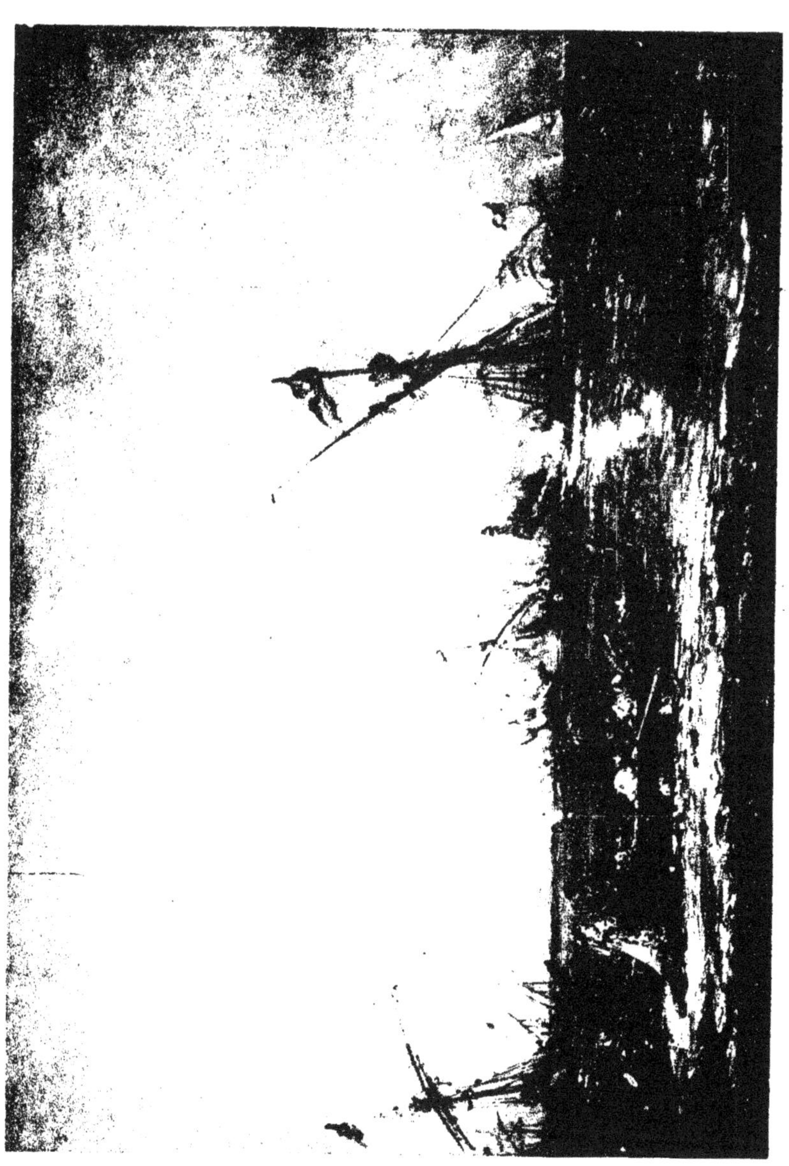

N.º 70

ZIEM

74. — *Paysage en Asie.*

SIGNÉ A DROITE.

Bois Haut. 0m51 : Larg. 0m85.

AQUARELLES & PASTELS

BIGOT, G.

75. — *Jeune femme.*

Aquarelle.

SIGNÉE A DROITE.

Vue Haut. 0m32 : Larg. 0m23.

BLIGNY, A.

76. — *Chez la fleuriste.*

Aquarelle.

SIGNÉE A DROITE.

Vue Haut. 0m30 : Larg. 0m21.

BLIGNY, A.

77. — *La Médiatrice.*

Aquarelle.

SIGNÉE A DROITE.

Vue Haut. 0m30 : Larg. 0m20.

CARRIER-BELLEUSE, Pierre

78. — *Danseuse retirant son manteau.*

Pastel.

SIGNÉ EN HAUT A DROITE.

Haut. 0m98 ; Larg. 0m71.

FILOSA

79. — *Une visite au musée de Florence.*

Aquarelle.

SIGNÉE A DROITE ; datée 1888.

Vue Haut. 1m15 : Larg. 0m98.

JACQUET, Gustave

80. — *Femme au chapeau de paille.*

Pastel.

SIGNÉ A DROITE.

Haut. 0m61 : Larg. 0m50.

INCONNUS

ÉCOLE FRANÇAISE

81. — *La passerelle; panneau décoratif.*

Toile Haut. 0m55; Larg. 1m.

82. — *Berger et son troupeau; panneau décoratif.*

Toile Haut. 0m55; Larg. 1m.

ÉCOLE HOLLANDAISE

83. — *Animaux en prairie.*

Toile Haut. 0m30; Larg. 0m43.

INCONNUS

84. — *Paysage en Hollande.*

Copie d'après Roqueplan.

Toile Haut. 0m64; Larg. 0m93.

85. — *Épisode de la Guerre.*

Toile Haut. 0m30; Larg. 0m28.

INCONNUS

86.   *Le denier de St-Pierre.*

Cuivre Haut. 0m28 : Larg. 0m38.

87.   *Le village d'Auvernier ; canton de Neufchâtel, Suisse.*

Toile Haut. 0m18 ; Larg. 0m17.

88.   *Paysage.*

Bois Haut. 0m17 : Larg. 0m23.

89.   *Paysage ; commencement du XIXe.*

Toile Haut. 0m37 : Larg. 0m45.

F. G.

90.   *Le Trocadéro.*

Toile : SIGNÉE A DROITE.